RATUS POCHE

Collection dirigée par Jeanine et Jean Guion

En plus de l'histoire :
– des mots expliqués pour t'aider à lire,
– des dessins avec des questions pour tester ta lecture.

 ISSN 1259-4652, ISBN 2-218 72168-6

Les pièges de la cité fantôme

Une histoire de Max Heigy
illustrée par Philippe Diemunsch

HATIER

Il était une fois, très loin dans l'espace, un vaisseau piloté par un robot. Il emmenait deux enfants à la recherche de leurs parents, disparus au cours d'une mission dans l'Univers 7.

Les personnages de l'histoire

1

Achille réduisit la vitesse de son vaisseau spatial et se tourna vers Caroline :

– Alors, toujours aucune réponse radio ?

– Non, toujours rien. Ils sont muets.

– C'est bizarre ! déclara pensivement le robot.

Le vaisseau était maintenant presque immobile. Par le hublot frontal, Caroline et Thomas contemplaient une planète étonnante avec son immensité de cratères et de montagnes désertiques. Les deux enfants pensaient à leurs parents qui avaient disparu dans l'espace il y a plus de trois ans, sans laisser de traces. On savait juste qu'une mission avait dû les conduire sur cette planète. Mais peut-être n'y étaient-ils même pas venus ? Caroline revit sa mère, son sourire tendre et rieur. Thomas se souvint des dernières phrases de son père : « Vous êtes nés pour découvrir… Le plus important c'est l'avenir… »

Il fut tiré de sa rêverie par la voix métallique du robot qui s'adressait à sa sœur.

– As-tu vérifié les codes de communication ? demanda Achille. Ce silence radio me trouble. Ce n'est pas normal. Lance tout de même le message d'approche finale. Toi, Thomas, surveille surtout les radars.

Tout le travail pour poser le vaisseau se fit dans le silence le plus complet, ce qui était inhabituel. D'ordinaire, les manœuvres d'approche étaient toujours accompagnées du grésillement de la radio, d'instructions et de messages d'accueil. Mais là, tout se passait comme s'ils s'étaient posés dans un désert à des milliers de kilomètres de toute vie. Aucun véhicule de sécurité sur l'aire de garage. Seule, la cité de Maniké rayonnait en face d'eux, baignée de lumière, étincelante sous sa bulle de protection. On apercevait l'entrée d'un tunnel qui y conduisait.

– C'est la plus belle ville que j'ai vue dans l'Univers 7 ! dit Caroline.

– Tu connais son histoire ? demanda Achille.

– Moi, je la connais, répondit Thomas. Je l'ai lue dans un de mes livres. C'est une ville étonnante, fondée par des hommes et des femmes qui ont fui la Terre il y a quatre cents ans.

– À l'époque des grandes guerres ?

– Oui, ils ne voulaient plus vivre dans le climat de violence qui a failli tout détruire.

– Mais pourquoi sont-ils venus ici ? demanda Caroline. Il y avait des planètes plus près de la Terre.

– Oui, bien sûr. Mais celle-ci avait été repérée depuis longtemps comme une planète où la vie s'était développée. Ils y ont découvert d'étranges créatures. Ils les ont appelées « malacocores », ce qui veut dire « punaises molles », je crois… parce qu'elles ressemblent à d'énormes punaises, molles et toutes ridées… Il paraît qu'elles sont dangereuses et vous donnent une terrible maladie. Un peu comme la rage. Quand on est piqué par un de ces gros insectes, on devient bête et très agressif. 1

– Brrr… fait Caroline. Moi, je serais partie m'installer ailleurs !

Thomas eut un sourire :

– Ce n'était pas la peine ! Il y avait des savants parmi eux et ils ont vite découvert que ces créatures molles ne pouvaient pas vivre si l'humidité de l'air était trop forte. Alors ils ont construit Maniké autour d'une source…

Que se passe-t-il quand Achille, Caroline et Thomas descendent du véhicule de liaison ?

– Tu en sais, des choses ! dit Caroline d'un ton légèrement moqueur.

Les explications de Thomas leur avaient fait oublier le silence radio de leur arrivée. Ils s'étaient installés dans le véhicule de liaison et glissaient maintenant vers l'entrée principale de Maniké. Entre le vaisseau et la cité, c'était le désert. Ils ne voyaient rien. Pas de punaises molles, ni de plantes.

Leur véhicule pénétra dans le tunnel qui conduisait sous la bulle de Maniké. Il s'immobilisa le long d'un quai. Comme ils détachaient leur ceinture et descendaient du véhicule, un fracas retentit dans leur dos. Un
lourd portail de verre blindé venait de coulisser 2
derrière eux et de se refermer brutalement.

– Quelqu'un vient de fermer le portail !

– Un fantôme, peut-être, dit Caroline.

Thomas regarda autour de lui. À travers les multiples parois de verre, il découvrait l'architecture élancée des bâtiments, la pureté des formes…

– Dommage que ce soit une cité fantôme, soupira Thomas. Tout le monde doit être mort !

– Sauf celui qui vient de fermer la porte, fit remarquer Caroline.

Elle ne laissait rien voir de son inquiétude.

– Nous n'avons pas pris nos combinaisons de sécurité, dit Achille. C'est une erreur. Je n'aurais pas dû écouter Thomas… Il m'a distrait. Retournons au vaisseau.

– Mais le portail… Nous ne pouvons plus sortir !

Achille se dirigea vers un bureau situé près du quai. La porte était ouverte. Le robot inspecta rapidement les lieux. Personne. Rien d'intéressant. Le poste de commande était ailleurs. Il rejoignit Thomas et Caroline :

– Bah ! S'il n'y a personne, nous ne risquons rien.

On n'entendait que le bruit de leurs pas, mais dans le silence de Maniké, ce bruit banal paraissait inquiétant.

2

Achille, Caroline et Thomas se dirigèrent vers un grand tapis roulant qui devait mener au centre de la cité. Il ne fonctionnait pas. Le silence était total. Il s'arrêtèrent et se regardèrent, inquiets. Aucun d'eux n'osait ouvrir la bouche. Au moment où Achille fit signe d'avancer, ils entendirent un ronronnement doux et rassurant : le tapis roulant s'était mis en route.

– Drôle d'accueil ! fit remarquer Thomas.

Ils avancèrent ainsi pendant une dizaine de minutes, emportés par le tapis roulant. Maniké était vraiment une très belle ville. Une grande bulle de verre la protégeait de l'extérieur et filtrait la lumière qui se transformait en paillettes multicolores au contact des façades des immeubles.

– Je n'ai jamais vu de tels jeux de lumière, dit Thomas. Que c'est beau !

– Pour la lumière, ça va ! dit Caroline. Mais pour le son…

Le tapis mécanique stoppa brutalement et ils durent parcourir les derniers mètres à pied. Ils arrivèrent sur une vaste place. Une sculpture élancée se dressait au centre d'un bassin. C'était une fontaine, mais elle était à sec et donnait l'impression d'avoir été abandonnée. Thomas imagina les vibrations sonores et les jeux de lumière qu'auraient provoqués les jets et les ruissellements d'eau. Des allées partaient en étoile de cette fontaine muette pour aboutir à une promenade circulaire bordée de boutiques.

– Allons-y, dit Caroline. On verra bien !

Ils entrèrent dans une boutique de cadeaux. Caroline se dirigea vers un rayon d'images électroniques. 3

– Venez voir ! C'est extraordinaire.

Des écrans ultraplats étaient accrochés au mur. Chacun représentait une image qui changeait de forme et de couleur sur un rythme lent. Caroline repéra tout de suite un curseur caché dans le cadre 4
qui entourait l'écran. Au moment où elle tendit la main pour jouer avec le réglage de ces images, il y eut un claquement sec. La porte de verre du magasin venait de se fermer. Thomas se précipita et essaya de l'ouvrir en la secouant. Rien n'y fit.

– Regardez les caméras ! dit Caroline.

Leur diode de fonctionnement était allumée.

– Ça ne veut rien dire, expliqua Achille. Si elles sont en fonctionnement permanent, elles peuvent rester éclairées des années.

– Oui, mais elles bougent ! cria Thomas, d'une voix nerveuse, rendue tremblante par la peur...

– Non, dit Achille calmement. Regarde, elles sont immobiles.

Thomas fixa une caméra comme on fixe les aiguilles d'une montre, pour les voir tourner. Mais il ne vit aucun mouvement.

– Elles ne bougent plus ! dit-il, un peu rassuré. Mais elles ont bougé. J'en suis sûr.

Le silence retomba. L'absence de sons leur parut tout à coup insupportable.

– Restez calme, dit Achille à voix basse. Surtout pas de panique. Il y a deux portes qui communiquent avec les boutiques voisines. Essayons-les.

– Impossible d'ouvrir celle-ci ! fit nerveusement Thomas. Elle est fermée. J'ai l'impression qu'elle n'a jamais servi.

– L'autre est fermée par une commande

électronique, dit Caroline. Il y a un clavier sur la droite, caché par un rayon. Il faudrait connaître le code.

Cette boutique de Maniké qui venait de se transformer en prison ne disait rien de bon au robot. Il ouvrit une petite trappe située sur sa poitrine. C'est là qu'étaient cachés tous ses appareils de sécurité. Il s'en servait rarement, seulement en cas de danger.

– Venez derrière moi, dit Achille. Cela facilitera les mesures.

Cinq minutes s'écoulèrent dans un silence de mort. Il fallait attendre que tout soit terminé. Alors seulement, le robot expliquerait ce que les appareils de sécurité avaient détecté et lui avaient transmis directement, car ils étaient reliés à son cerveau électronique.

– Terminé ! annonça Achille. Il y a de la vie sur cette planète, c'est vrai. Mais les mesures semblent indiquer qu'il y a deux vies différentes… C'est très curieux.

– Et que donne ton radar de proximité ? 6

– Rien ! J'ai eu une réponse de quelques
secondes, mais trop brève pour comprendre ce 7
qui se passait.

Achille paraissait songeur. Lui, si sûr de tout ! C'était étonnant.

– Nous sommes prisonniers, finit-il par dire.
Mais il y a quelque chose qui m'intrigue. L'air 8
est très sec. Il n'y a pas d'humidité. Je croyais, au contraire, que l'air devait être très humide pour éliminer les malacocores. C'est bizarre…

À ce moment précis, on entendit un déclic qui fit sursauter Thomas. Caroline se précipita vers la porte qu'elle avait déjà examinée. Elle se retourna vers Achille, un peu pâle :

– Elle est ouverte… Quelqu'un l'a ouverte…

À l'extérieur de la boutique, la rue était toujours déserte. Sur le pas de la porte, Achille brancha à nouveau son radar de proximité.

– Rien, annonça-t-il. De simples traces de vie, mais rien de sûr… Au fait, de quoi se plaindrait-on ? Nous voilà libres ! Ce n'est pas parce que des plaisantins jouent avec nos nerfs qu'il faut s'affoler !

Le robot savait bien que ses paroles ne serviraient à rien. Caroline et Thomas étaient trop intelligents pour ne pas comprendre ce qui se passait. La pâleur de leur visage et leurs traits crispés en disaient beaucoup plus que n'importe quels mots.

– Ce sont peut-être des plaisantins, dit Caroline, mais ils semblent dangereux…

– Je ne sais pas, dit Thomas. On aurait dû rester dans le vaisseau…

Achille prit les enfants par le bras et les entraîna loin de la boutique.

3

Ils se retrouvèrent sur la grande place de la fontaine. Toujours le silence… Plusieurs rues en partaient pour disparaître entre les immeubles. L'une d'elles était particulièrement large. La lumière y était changeante. On passait d'un secteur bleu à un secteur rose. Là, toute une portion de rue était baignée de reflets jaunes d'or tandis que, plus loin, les reflets devenaient progressivement verts. Ils marchèrent ainsi dans des ambiances colorées différentes. Mais à aucun moment, ils ne rencontrèrent trace de vie. Rien. Les rues étaient désertes. Les magasins, les bureaux, les appartements aussi. Personne. Pas un bruit, sauf celui de leurs pas ou des quelques mots qu'ils échangeaient.

Ils arrivèrent devant un bâtiment où un
pictogramme indiquait le centre d'accueil des 9
étrangers en visite à Maniké. Un syndicat d'initiative, en quelque sorte. Ils montèrent une dizaine de marches, poussèrent la porte et

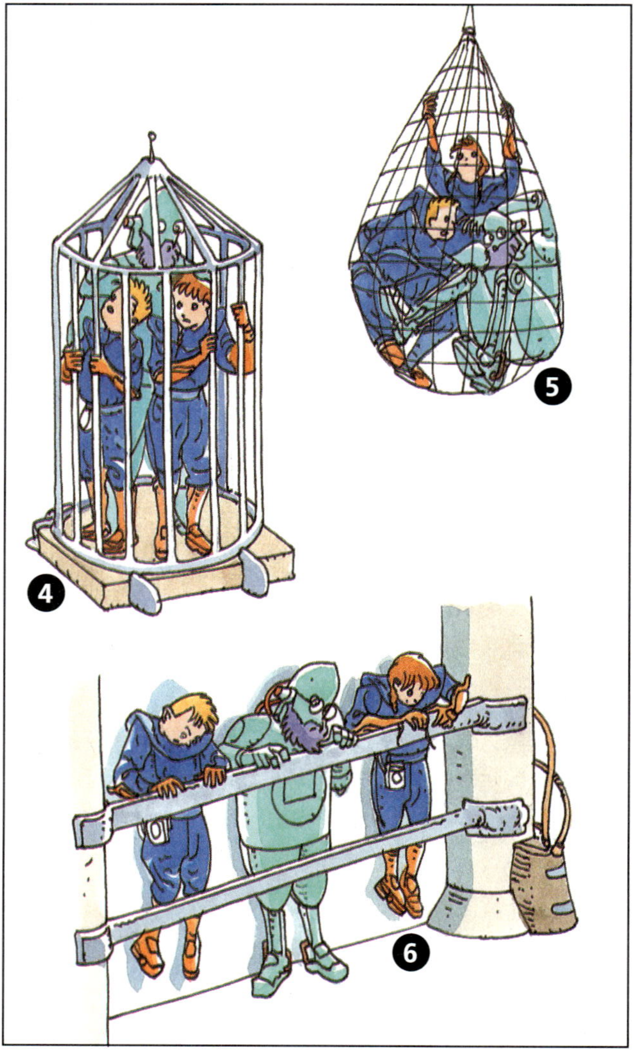

Dans quel piège sont-ils tombés au centre d'accueil ?

entrèrent dans une vaste pièce dont la forme rappelait celle d'un chapiteau de cirque. Ils firent quelques pas, puis tout à coup Thomas revint en courant vers la porte, l'ouvrit et ressortit. Il fit ce manège plusieurs fois, puis déclara avec un large sourire :

– Nous ne serons pas prisonniers ! Ouf ! Ça va mieux.

Ils se dirigèrent vers un comptoir où il n'y avait personne. Les fauteuils des employés étaient vides, les écrans des ordinateurs éteints. Les caméras au mur étaient fixes, avec leur diode de contrôle éclairée, comme dans la boutique.

– Ohé ! Il y a quelqu'un ? Répondez ! cria Caroline d'une voix mal assurée.

Pas de réponse.

– Tu peux vérifier avec ton radar de proximité ? demanda Thomas à Achille.

Le robot allait procéder aux mesures quand tout à coup le sol se déroba sous leurs pieds. Ils venaient de tomber dans un grand filet qui devait sans doute servir à assurer la sécurité de ce bureau contre l'arrivée de touristes indésirables. Ils se sentirent ensuite soulevés.

Le filet s'élevait lentement dans les airs. À cinq mètres au-dessus du sol, il s'arrêta. Achille, Thomas et Caroline étaient suspendus à un mètre de la pointe du chapiteau, prisonniers une nouvelle fois.

– Rien de cassé ? demanda Caroline.

– Non, répondit le robot. Nous avons de la chance. J'allais juste ouvrir ma trappe de sécurité. Quelques secondes de plus et cette promenade en filet aurait sans doute abîmé mes contrôles. Les circuits imprimés ont beau être solides, ils n'auraient pas résisté.

– J'ai le vertige ! se plaignit Caroline. J'espère que leur filet est solide. Je ne voudrais pas tomber de si haut. Comment allons-nous sortir de là ?

– J'ai de la chance d'être un robot ! dit Achille devinant les pensées des deux enfants. Moi, je n'ai pas peur. La peur n'est pas prévue dans mon programme. Mais je reconnais que la situation est difficile. Je ne peux rien faire. Si je brûle des mailles du filet avec mon couteau-laser, nous risquons de nous blesser en tombant. Nous n'avons qu'une solution : attendre.

Ils étaient bien suspendus depuis vingt

minutes quand le filet se mit à redescendre très lentement. En atteignant le sol, il s'ouvrit naturellement. Caroline en sortit la première, suivie de Thomas. Il fallut aider Achille dont la souplesse laissait un peu à désirer !

– À mon âge ! fit le robot pour s'excuser.

– On ne peut pas être parfait ! dit Caroline. Tu as pour toi l'intelligence. Tu ne voudrais tout de même pas, en plus, être champion olympique, non ?

Cela les fit rire. Ils en avaient besoin.

– On s'en va ! décida Achille. Il faut rentrer au vaisseau.

– Mais, et nos parents ? protesta Thomas. Si nous partons, nous ne saurons jamais s'ils sont passés à Maniké ! Ils y sont peut-être encore ! Ils sont peut-être prisonniers ! Ils sont…

– Ne t'énerve pas ! coupa le robot.

– Mon frère a raison ! ajouta Caroline.

Achille regarda les deux enfants avec beaucoup de gentillesse. La remarque de Caroline trahissait sa souffrance. Thomas avait les larmes au yeux, peut-être pour se libérer d'une tension nerveuse insupportable, peut-être aussi parce que l'évocation de ses parents lui rappelait que Caroline et lui étaient orphelins : leurs parents étaient considérés par les autorités de la Terre comme disparus en mission.

– D'accord, dit le robot, on va s'en occuper, si vous voulez. Mais d'abord, il faut retourner au vaisseau et prendre les combinaisons de sécurité. Il faudra aussi interroger par radio les stations de secours. Quelqu'un sait peut-être ce qui s'est passé à Maniké. Et s'il faut revenir, je préfère le faire en ayant le maximum d'informations pour ne plus me faire enfermer dans une boutique ou attraper dans un filet.

– Tu as raison, fit Thomas en se séchant les yeux. Les pièges de cette ville fantôme, ça suffit !

4

Ils quittèrent le centre d'accueil des étrangers
et reprirent la grande avenue multicolore. Ils
étaient environ à cent mètres de la fontaine
quand Thomas tira tout à coup sa sœur par le
bras et montra le pied d'un banc, juste à
l'endroit où tombait un rayon lumineux. Il y
avait là une forme blanchâtre, immobile. Elle
avait six pattes et des antennes. Elle paraissait
dormir. Ils la contournèrent avec d'infinies 10
précautions, mais elle ne fit pas attention à eux.
À peine un léger mouvement d'antenne une fois
qu'ils l'eurent dépassée. Ils se mirent à courir et
couraient encore lorsqu'ils arrivèrent sur la place
de la fontaine. Mais il leur fut impossible de
s'engager sur le tapis roulant : une herse en 11
interdisait l'accès. Ils prirent alors une rue au
hasard, toujours en courant. Achille aperçut des
symboles de livres et de disques gravés sur
l'entrée d'un bâtiment.

– Ici ! cria-t-il. Entrons !

Ils s'engouffrèrent dans l'immeuble qui était vide, désespérément vide et silencieux.

– Suivons les flèches, dit Thomas. Ici, ce doit être le secteur vidéo.

Ils parcoururent quelques couloirs, guidés par une flèche verte surmontée de pictogrammes. Ils arrivèrent dans une salle équipée de pupitres pour la consultation des films.

– Fermons d'abord les portes, conseilla Achille. Ici, je crois que nous sommes en sécurité.

Caroline s'assit à un pupitre et alluma l'écran :

– Ça marche ! Je vais essayer de consulter leur catalogue.

Avec l'aide de Thomas, elle réussit à établir le contact. Des messages s'affichèrent. Caroline demanda à voir les documents vidéo traitant des vaisseaux qui avaient fait escale à Maniké au cours des cinq dernières années. Elle eut l'idée de préciser qu'il s'agissait d'un couple originaire de la planète Terre. Le serveur électronique envoya aussitôt une photo de la Terre à l'écran, puis après quelques secondes de recherche, annonça qu'un couple de Terriens était venu à Maniké.

– Regarde, Achille ! s'écria Thomas. Caroline a trouvé nos parents !

Le robot s'approcha de l'écran et vit les parents de Thomas et de Caroline. Ils souriaient. Derrière eux, la grande fontaine de Maniké déversait des cascades d'eau. Caroline demanda s'il y avait un film concernant ces deux personnes.

– Je cherche… répondit le serveur.

Quelques secondes plus tard, une date apparut sur l'écran. C'était il y a un peu plus de trois ans… On voyait les parents de Thomas et Caroline qui étaient accueillis à bras ouverts par les habitants de la cité. Puis, des images brouillées… On les vit à nouveau au moment de leur départ. Et brutalement, plus rien… Malgré tous ses efforts, Caroline ne réussit pas à rétablir l'image.

– C'est peut-être une panne, suggéra-t-elle.

– Je ne crois pas, dit Achille.

Le robot prit un drôle d'appareil dans sa trappe de sécurité, une sorte de tournevis et de pince tout à la fois, avec une lampe électrique, un appareil de mesure et un minuscule fer à souder. Tout cela fonctionnait sur pile. Très utile pour réparer en vitesse un circuit imprimé !

Caroline inspecta les lieux. En s'approchant

Qu'est-ce que Caroline et Thomas ont vu sur l'écran de la vidéothèque ?

d'une grande bibliothèque, elle découvrit quatre plaques décoratives qui cachaient les circuits des machines électroniques. La fillette dévissa une de ces plaques et se glissa dans le ventre du serveur... Elle vérifia tous les circuits un à un. Aucun n'était en panne. Tout aurait dû marcher. Elle ressortit des entrailles du serveur 13
et annonça :

– C'est quelqu'un qui a coupé la diffusion. Tout simplement. En appuyant sur le bouton ON-OFF ! Pas plus difficile que ça.

– Cela veut dire que nous sommes surveillés... dit Achille, songeur.

– Mais c'est incroyable ! s'écria Caroline en colère. Que nous veulent-ils ? Qui sont-ils ? Tantôt tout va bien, tantôt ils nous enferment. Ils sont fous, ces habitants de Maniké...

– Ce n'est pas possible, fit remarquer Thomas. Dans le film, ils avaient l'air très gentil avec nos parents.

– Sortons et quittons cette planète, décida Achille. Maintenant nous savons que vos parents y sont venus et qu'ils en sont repartis.

Thomas se trouvait près de la porte. Il la poussa et reçut une décharge électrique. Oh, elle n'était pas très violente, non. Pas de quoi le tuer. Mais parce qu'il ne s'y attendait pas, il avait sursauté et était tombé en arrière.

Avec précaution, ils essayèrent de sortir en utilisant leurs vêtements pour s'isoler les mains, mais rien n'y fit. Ils étaient à nouveau prisonniers de cette infernale cité fantôme.

Quelques minutes plus tard, Achille confirma la gravité de la situation :

– Mon radar de proximité indique qu'il y a de la vie derrière cette porte. Mon système de détection thermique me fait penser qu'il y a quatre personnes de l'autre côté de ces murs. Des hommes…

5

Nos héros ignoraient que Maniké vivait un drame terrible. Tous les malheurs de cette planète, où il faisait autrefois si bon vivre, avaient commencé trois mois plus tôt, avec l'arrivée de Lithomo, redoutable chef de gang. Ce bandit allait de planète en planète, prenait le pouvoir et pillait.

Lithomo avait appris que les punaises molles avaient besoin d'un air très sec pour vivre. Il était donc venu sur Maniké où il avait provoqué une panne d'eau, tandis que ses complices
modifiaient la climatisation de la cité en 15
enlevant l'humidité de l'air. Dès lors, les malacocores étaient entrées dans la cité et s'y étaient installées…

Tous les habitants de Maniké avaient peur de ces énormes insectes qu'ils appelaient les « cocores ». Qu'une de ces monstrueuses
bestioles vous enfonce son rostre dans la peau et 16
vous étiez perdu. Oh, cela ne faisait pas mal et

on n'en mourait pas ! Mais c'était peut-être pire. Elles injectaient dans le sang un poison qui transformait leurs victimes en monstres de cruauté et de bêtise.

Lithomo se servait d'elles pour tenir la population entière sous son joug. Chaque fois qu'il avait besoin de soldats supplémentaires, il envoyait quelques cocores dans un groupe d'hommes jeunes. Une heure après la piqûre, ils étaient devenus des soldats cruels, obéissants aux ordres du tyran. C'est ainsi qu'était née la Nouvelle Police.

Depuis l'arrivée de cet effrayant gangster, les habitants de Maniké avaient perdu toute joie de vivre. Leur seul souci était d'éviter les cocores et de ne pas se faire brutaliser ou arrêter par un sujet contaminé.

Le matin même, alors qu'Achille et les deux enfants étaient encore dans leur vaisseau, loin de Maniké, les habitants de la cité s'étaient levés et s'étaient rendus à leur travail sans se douter qu'ils vivraient une journée historique. Les bureaux et les boutiques avaient ouvert aux heures normales. Mais à 10 heures 21, les radars de Maniké avaient repéré le vaisseau piloté par

Achille et la voix de Lithomo s'était mise à hurler dans les haut-parleurs :

« Vaisseau inconnu en approche. Opération cité morte. Tout le monde aux abris souterrains… »

Maniké était en effet construite sur de grandes salles souterraines, reliées entre elles par de nombreux couloirs. Des salles aménagées en dortoirs servaient d'abris.

Deux minutes plus tard, ce furent des menaces :

« Je répète : tout le monde aux abris souterrains… Dans quatre minutes, des cocores seront lâchées dans les rues… »

Dès qu'il fut question des cocores, la population de Maniké se précipita vers les abris pour ne pas risquer de rencontrer une de ces terribles bêtes. En quelques minutes, il n'y eut plus personne dans les immeubles, ni dans les rues.

Cependant, quelques hommes réussirent à se cacher dans les couloirs techniques de la cité. Ils faisaient partie de ceux qui essayaient de résister à Lithomo. On les appelait d'ailleurs des

« résistants ». L'annonce du tyran leur redonna espoir. Le vaisseau inconnu qui approchait leur apportait peut-être du secours... C'est pourquoi, quand Thomas, Caroline et Achille entrèrent un peu plus tard dans la cité, ils la trouvèrent déserte. Et c'est pourquoi les résistants cherchèrent, sans se faire voir, à attirer l'attention des nouveaux arrivants. Il ne fallait pas qu'ils croient que Maniké était une ville fantôme !

Dans un des abris souterrains de Maniké, trois cents personnes étaient assises à même le sol et attendaient la fin de l'alerte. Une dizaine de soldats contaminés par les cocores les surveillaient, l'arme à la main. Ils portaient tous une large ceinture rouge, signe de leur infection par une cocore et de leur appartenance à la Nouvelle Police. Dans un coin, au fond de la pièce, un jeune homme à l'allure sympathique était assis, la tête posée sur son bras gauche. Il faisait semblant de dormir. En réalité, il dévissait patiemment une grille de ventilation. Dès qu'il eut fini, il murmura à son voisin :

– Déclenchez une bagarre quand je vous ferai signe.

Puis il ajouta :

– Tu remettras la grille en place dès que je serai parti.

Tous avaient compris que Diko allait essayer de rejoindre le groupe des résistants. Il devait absolument alerter les visiteurs pour que le drame de Maniké soit connu et que d'autres planètes puissent leur venir en aide.

Au signal, deux hommes déclenchèrent la bagarre. D'autres firent semblant de vouloir les séparer et, en quelques secondes, une vingtaine de personnes s'affrontaient en hurlant. Les gardiens regardaient en ricanant. Puis la bagarre s'arrêta aussi vite qu'elle avait commencé. Diko n'était plus là et la grille était à nouveau à sa place, fixée par du chewing-gum !

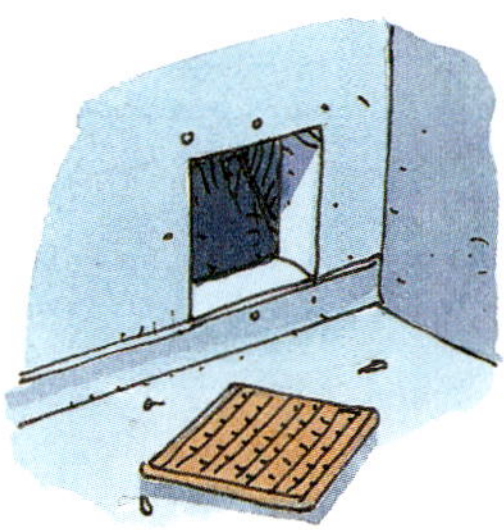

Où est Diko ?

6

Diko rampait dans les conduits de ventilation. Ce n'était pas très confortable, mais il connaissait parfaitement le plan des installations. Il s'arrêta, sortit une petite boîte noire de sa poche et en déplia l'antenne. Il appuya sur une touche un bref instant pour entrer en contact avec les résistants qui attendaient son appel. Le chiffre 12 s'afficha sur l'écran du boîtier.

« Cela signifie que les visiteurs sont dans la maison d'accueil, » pensa-t-il.

Il rangea son boîtier électronique de contact et se remit à ramper en silence. Parfois, il passait près de gardes qui portaient avec fierté la fameuse ceinture rouge des contaminés. Toutes les deux minutes, il interrogeait sa boîte. C'est ainsi qu'il apprit que les visiteurs étaient maintenant dans la vidéothèque. Il fallait les rejoindre rapidement. Mais dans les conduits de ventilation, il avançait lentement. Il risquait de ne pas pouvoir arriver à temps. Les résistants étaient tous occupés à saboter les commandes électroniques de la cité et à brouiller les messages de Lithomo et de sa Police.

Après une montée, le conduit de ventilation longea la salle de recrutement de la Nouvelle Police. C'est là que les sujets récemment contaminés par une cocore venaient recevoir leur ceinture rouge et leurs armes anti-émeutes. Diko s'arrêta près d'une grille. Un nouveau contaminé venait d'arriver :

– Tu as le code secret ? demanda un policier.

– Évidemment, répondit le nouveau. C'est : *cocore en papier*.

Le policier partit d'un rire idiot.

– Ils ont de l'esprit, nos chefs, quand même.

Le nouveau se mit à rire aussi, du même rire bête et donna un violent coup de poing sur la table :

– On va les écrabouiller ! Vive les cocores en papier !

Il reçut sa ceinture rouge, une matraque et une chaîne hérissée de crochets.

– Je n'ai pas droit à un fusil laser ? demanda le nouveau.

– Non. Dans quarante-huit heures seulement. Il faut d'abord que tu fasses tes preuves.

Diko réussit à sortir de sa gaine de ventilation 18
par une grille située dans les toilettes de l'étage. Il avait décidé de se faire passer pour un contaminé. C'était dangereux, mais il ne voyait pas d'autre moyen pour rejoindre rapidement la vidéothèque.

Dans le couloir, il croisa deux contaminés qui le coincèrent immédiatement contre la paroi au moyen de leur chaîne.

– Qu'est-ce que tu fais là ? Pourquoi tu n'es pas avec les autres ?

– Je te connais, toi. Tu es Diko ! Moi je suis ton ancien professeur de mathématiques.

Diko sentit la transpiration inonder son corps.

– Ça ne va pas ? Tu as peur de nous ?

– Non, c'est le virus… les cocores… ça m'a rendu malade…

– Moi, ça ne m'a rien fait ! dit le garde de la Nouvelle Police. Et à toi ?

– À moi non plus ! affirma le professeur.

Et il ajouta en direction de Diko :

– T'es une mauviette ! Mais ça va te passer 19
puisque t'as le virus… Ah ! Ah !

Les deux gardes réagirent tout à coup qu'ils n'avaient pas vérifié si l'histoire de Diko était vraie.

– Et le mot de passe, tu l'as ?

Diko eut un frisson dans le dos. Il y avait un piège, dans cette question. Il réfléchit aussi vite qu'il put :

– Bien sûr que je l'ai. Mais on m'a dit de ne pas le dire aux abrutis que je rencontrerais !

Le visage des deux gardes devint cramoisi. Ils mouraient d'envie d'assommer ce nouveau. Mais ce qu'il avait dit était vrai. Il ne devait donner le code qu'au moment de recevoir sa ceinture et ses armes. D'autre part, l'insulte prouvait qu'il était agressif, et c'était normal après une piqûre de cocore. Ils se regardèrent et le plus grand approuva :

– Tu seras un bon garde ! Allez, on t'attend. Tu feras équipe avec nous.

Diko eut une réaction qui le sauva :

– Moi ? Mais on vous attend, vous ! C'est urgent ! Il paraît que les visiteurs font du grabuge... Dépêchez-vous ! Je vous rejoins.

Diko n'avait pas dit où les deux brutes devaient aller. Ce détail n'empêcha pas les gardes de partir en courant, droit devant eux…

« L'effet de ce virus est terrible ! pensa-t-il. Dire que l'un des deux était prof de maths ! »

Diko se sentit fier d'avoir surmonté cette épreuve. Il frappa deux coups secs contre la porte et entra dans le magasin d'habillement.

– Qu'est-ce que tu fais là ? demanda le responsable. On m'en avait annoncé douze. Je les ai eus, c'est fini.

– Impossible ! fit Diko. Ils ont dit que tu faisais du très bon travail et que pour te récompenser, tu en aurais treize à la douzaine aujourd'hui. Je suis le treizième, *cocore en papier !* Poil au nez !

Diko précisa immédiatement :

– Poil au nez, ce n'est pas dans le code ! C'est moi qui l'ai rajouté, pour faire drôle ! Ah ! Ah !

Diko s'efforça de rire aussi bêtement qu'il le pouvait.

– J'aimerais pas être le treizième ! dit l'homme en tendant une ceinture rouge, une matraque et une chaîne à Diko. Ça porte malheur, le treize.

Diko haussa les épaules pour montrer qu'il

s'en moquait. Il attacha soigneusement sa ceinture et sortit.

Le faux contaminé avançait maintenant dans les couloirs en direction de la vidéothèque. Il connaissait bien les plans puisqu'il avait travaillé trois ans à l'amélioration du réseau souterrain de Maniké. Juste avant la vidéothèque, il y avait le laboratoire général. Il était désert, tout le personnel étant aux abris. Diko entra et repéra une grille de ventilation de grande taille. Après l'avoir dévissée, il se glissa dans la gaine et la referma. Maintenant, si des gardes le cherchaient, il leur faudrait beaucoup de temps pour le retrouver…

7

Dans la vidéothèque, Thomas et Caroline s'étaient assis. Ils se sentaient très fatigués. Achille ne quittait pas des yeux son radar de proximité. Les personnages présents de l'autre côté de la porte semblaient se retirer.

– Ils partent ! annonça le robot.

– Ça ne nous avance pas, dit Caroline. Les portes sont fermées. Nous sommes prisonniers.

Thomas essaya de remettre le serveur en
route et de voir un disque vidéo. En vain. Il
refusait de fonctionner. Près de la porte, Achille
se livrait à un patient travail de mesures. Il avait
sorti toute une batterie d'appareils miniatures. 21

– On va pouvoir sortir ! annonça le robot. Il
suffit de court-circuiter l'installation. Ils ont dû 22
relier la poignée de la porte au courant. Il
faudrait un fil électrique.

– Mais il n'y en a pas, ici ! fit remarquer Thomas.

– Je vais vous en trouver, dit Caroline.

Quel personnage fait ce qui est dit dans l'histoire ?

Elle retourna dans le ventre du serveur et en revint rapidement avec une poignée de morceaux de fil électrique. Il y avait sans doute eu des travaux récents et les électriciens ne s'étaient pas embarrassés pour nettoyer leur chantier : ils avaient tout glissé sous le robot-serveur de la vidéothèque !

– Il y en a encore, si tu veux ! commenta Caroline.

Avec l'aide de son frère, elle dénuda les extrémités des petits morceaux de fils que le robot relia entre eux. Ils obtinrent ainsi un fil de trois mètres de long. Se protégeant les mains, Caroline l'attacha à la poignée de la porte. Elle enfila l'autre extrémité du fil dans une prise de courant. Une étincelle jaillit qui brûla le socle de la prise. Toutes les lampes allumées à un mètre du sol s'éteignirent aussitôt. Seuls les projecteurs du plafond restèrent éclairés. Avec précaution, Thomas saisit la poignée de la porte et ouvrit. Ils étaient libres ! Ils sortirent dans le hall d'entrée, puis dans la rue.

– Rejoignons le véhicule de liaison et sauvons-nous ! dit Achille.

Thomas, qui descendait l'escalier le premier, s'arrêta net. En tendant l'oreille, on pouvait percevoir un bruit étrange, comme de petits craquements rythmés.

– Les cocores ! s'écria-t-il épouvanté, c'est sûrement les cocores !

Ils retournèrent précipitamment dans le hall d'entrée de la vidéothèque et en refermèrent brutalement la porte. Ils se sentirent davantage en sécurité. Mais cela ne dura pas. Soudain, Caroline serra le bras du robot.

– Regarde ! dit-elle d'une voix tremblante. Des cocores…

En effet, des bêtes effrayantes commençaient à grimper les marches. Elles devaient bien peser un à deux kilos chacune. S'aidant de leurs pattes et de leurs antennes, elles faisaient basculer la plaque osseuse qui leur servait de ventre sur l'arête de la marche et se retrouvaient, après bien des efforts, une marche plus haut. Certaines ne réussissaient pas l'exercice et tombaient, leur chute aussitôt amortie par leur dos mou et plissé. Après quelques mouvements de pattes désordonnés, celles qui étaient restées sur le dos se remettaient sur le ventre et reprenaient aussitôt leur ascension.

Elles étaient bien une vingtaine à la recherche de leurs proies qu'elles avaient situées dans le hall de la vidéothèque. Leurs antennes étaient agitées de vibrations rapides. Elles se dirigeaient à l'odeur. Les deux plus grosses étaient déjà arrivées en haut des marches.

Une cocore avait plaqué sa tête contre le verre et essayait de glisser son rostre sous la porte d'entrée. Achille retira vivement son pied quand il s'aperçut que la punaise avait réussi à le toucher. Il y avait une marque : un petit creux dans le métal. Si la bête avait eu le temps, elle serait peut-être parvenue à injecter son venin dans les circuits imprimés du robot !

– C'est horrible ! dit Thomas en regardant le pied d'Achille. Te voilà avec une cicatrice.

Mais ce n'était pas le moment de discuter. Privée de proie, la cocore était furieuse, grattait le verre avec rage, projetait des jets de salive sur le sol et le seuil de marbre se creusait sous l'effet de son venin acide.

– Mais elles vont finir par passer ! cria Caroline. Venez m'aider !

Elle avait remarqué un réfrigérateur derrière le comptoir d'accueil. Elle en sortit toutes les bouteilles qu'elle trouva.

– Commençons par l'eau !

Ils débouchèrent deux bouteilles et les vidèrent le long de la porte. L'effet fut immédiat. Les punaises molles aimaient encore moins l'eau que les chats ! Elles déguerpirent, prises de panique. Deux bouteilles avaient suffi pour les mettre en fuite.

– Si elles reviennent, dit Thomas en montrant une bouteille, on sera obligé de leur donner du soda. Ce serait dommage !

Par mesure de sécurité, ils quittèrent le hall et retournèrent dans la salle de la vidéothèque. Ils emportèrent avec eux les bouteilles qu'ils avaient pu trouver…

8

Ils étaient là depuis quelques minutes lorsqu'Achille entendit une voix très faible. C'était celle de Diko. Couché à plat ventre dans sa gaine de ventilation, le jeune homme avait le visage situé au-dessus d'une grille du plafond. Il parlait le plus doucement possible. Heureusement, le robot put le comprendre grâce à
l'amplificateur sonore qu'il avait branché pour 24
entendre un éventuel retour des cocores.

– Hep ! Hep ! chuchotait la voix. Je suis un ami. Ne levez pas la tête. Ne bougez pas. Ne me cherchez surtout pas. Commencez par
neutraliser les caméras de surveillance et les 25
micros. Avec des morceaux de tissu. Il doit bien y en avoir…

Achille regarda autour de lui et repéra deux caméras immobiles dont les diodes rouges brillaient. Thomas monta sur une table et se servit des nappes trouvées sur des tables pour entourer les caméras. Grâce à ses détecteurs,

Achille repéra deux micros. Ils furent eux aussi neutralisés.

Alors, seulement, le robot leva la tête vers la grille, au plafond, et demanda :

– Qui êtes-vous ?

– Je suis un résistant. Je m'appelle Diko. Et vous, qui êtes-vous ? Que faites-vous à Maniké ?

– Nous cherchons nos parents, répondit Caroline.

– Ils sont passés à Maniké, il y a trois ans ! ajouta Thomas. Nous aimerions bien pouvoir continuer notre voyage et les retrouver un jour…

– Et qui est le robot barbu ? demanda Diko.

– C'est Achille. C'est le robot qui nous a élevés quand nos parents sont partis en mission dans l'espace. C'est lui qui s'occupe de nous. Il ne se met jamais en colère.

– On l'aime beaucoup ! ajouta Caroline.

C'était une drôle de conversation : Achille, Thomas et Caroline étaient debout, la tête levée vers une grille de ventilation. À l'étroit dans sa gaine, Diko parlait à voix basse. Il raconta comment Lithomo s'était emparé de la cité trois mois plus tôt et comment il avait transformé tous les habitants de Maniké en esclaves… Il expliqua aussi la terrible cérémonie des cocores, qui se déroulait chaque fois que la Nouvelle Police avait besoin de soldats.

– C'est terrible ! dit Thomas.

– Nous avons eu affaire aux cocores ! expliqua Caroline. Elles nous ont attaqués.

– Ce sont des bêtes très dangereuses ! dit le jeune homme. Autrefois, elles ne s'approchaient jamais de notre cité, à cause de l'eau…

Puis il ajouta, un peu gêné tout de même :

– Ce qui vous est arrivé est l'œuvre des résistants. Lithomo voulait que vous repartiez en croyant que la cité était déserte. Nous, nous ne voulions pas. Il fallait que vous viviez des choses bizarres, que vous ayez peur… pour que vous préveniez les autres planètes…

La voix de Diko devint plus sourde :

– Maintenant, acceptez-vous de nous aider ?

– Mais nous ne pouvons rien faire, répondit Caroline. Il y a des cocores partout. Si nous essayons de rejoindre notre vaisseau, nous serons tout de suite contaminés…

Diko continua :

– Ce n'est pas ce que nous attendons de vous…

D'après Caroline, quels animaux les ont attaqués ?

– Chut ! dit tout à coup Achille. Mon radar de proximité me signale des vies humaines de l'autre côté de cette cloison. Taisez-vous.

On entendit bientôt distinctement des pas. Deux hommes montaient un escalier qui devait déboucher dans le hall d'entrée de la vidéothèque. Les voix parvenaient un peu étouffées, mais on les comprenait nettement.

– Tiens, c'est mouillé près de la porte ! remarqua le premier.

– C'est vrai, confirma le second.

Puis il ajouta :

– Regarde au milieu de l'avenue, cette colonie de cocores… Elles regardent toutes dans notre direction. Tu crois qu'elles nous en veulent ?

– Attends, on va bien s'amuser.

Il prit son fusil laser et se mit en position de tirer.

– Non, t'es fou ! On n'a pas le droit de les tuer.

– Dommage, dit l'homme au fusil. Mais les ordres, c'est les ordres. Et puis, on est en retard. On a juste le temps d'arriver par la galerie 39.

9

Quelques instants plus tard, le radar d'Achille signala que le couloir était désert.

– Ils sont monstrueux ! s'exclama Caroline.

– Oui, mais ils sont particulièrement bêtes ! ajouta Diko. C'est ce qui nous sauve, à Maniké.

– Comment faites-vous pour survivre depuis que Lithomo a supprimé l'eau ? demanda Caroline.

– Nous ne recevons de l'eau que pour boire, répondit Diko. Nous nous lavons à sec, avec un système par ultrasons. Alors, les cocores peuvent 26
vivre dans la cité…

Achille interrogea Thomas et Caroline du regard, puis releva la tête en direction de la cachette :

– C'est d'accord. Nous allons vous aider. Que voulez-vous que nous fassions ? Nous…

Achille venait de détecter un groupe qui avançait à pas feutrés dans le couloir. La porte s'ouvrait lentement. Le robot se mit devant les enfants pour les protéger.

– Ne bougez pas ! lança une voix. Nous sommes des amis…

C'était un groupe de quatre résistants. Trois hommes et une femme jeunes, en tenue de sport. Ils refermèrent la porte et s'approchèrent :

– Excusez-nous pour les frayeurs que nous vous avons faites.

– Mais vous n'avez pas d'armes ? demanda Thomas étonné. Alors, comment faites-vous pour vous défendre ?

– Trois d'entre nous sont professeurs de karaté… Ce n'est pas si mal. Et avec notre intelligence, nous pouvons faire beaucoup de choses !

On entendit à ce moment-là un craquement et un cri joyeux :

– Me voilà !

Diko arrachait la grille de ventilation.

– Mais, c'est Diko ! dit un des résistants.

À deux, ils l'aidèrent à sortir de la gaine. Mais quand ils virent sa ceinture, ils reculèrent…

– Non, non ! s'écria aussitôt Diko d'une voix désespérée… Je n'en suis pas un…

Il arracha sa ceinture rouge de garde, la jeta par terre et la piétina.

– C'est une ruse… je connais leur mot de passe…

Il avait l'air si sincère et si désespéré d'être pris pour un garde, que les résistants le crurent.

– Si tu avais été contaminé, dit l'un d'eux, tu serais fier de ta ceinture et tu te serais jeté sur nous !

– Alors, tu as réussi à les avoir ? demanda la femme d'un ton admiratif.

– Il faut partir, dit un autre. Vous êtes ici depuis trop longtemps. Vous allez bientôt voir arriver des cocores. Il y en a plein la rue.

Ils voulurent sortir dans le couloir, mais rebroussèrent bien vite chemin. Une colonne de cocores était en train de réussir à entrer dans la vidéothèque.

– Nous sommes coincés ! dit un résistant.

– Mais non, dit Caroline. Suivez-moi.

Elle se baissa devant le robot-serveur et enleva la plaque qu'elle avait simplement posée.

– Venez. On peut passer en rampant. J'y suis allée tout à l'heure. Ça donne dans des pièces techniques où sont entreposés des matériaux de construction.

– Je connais l'endroit, dit un des résistants.

De là, on peut aller où on veut.

– Prenons la ceinture de garde ! dit Thomas. Elle peut servir…

Tout le monde passa sans trop de difficultés, sauf Achille. Le robot n'était pas très souple. Il réussit à se coucher par terre, mais là, il fallut le tirer… et au passage, sa barbe se chargea de débris de bois et de quelques fils électriques !

Par précaution, Thomas vida les bouteilles qu'ils avaient apportées avec eux…

– Elles n'aiment pas l'eau, dit-il. J'espère qu'elles n'aiment pas non plus le soda !

10

Ils étaient maintenant arrivés dans le local technique et mettaient au point leur plan. D'avoir réussi à se rejoindre leur donnait confiance en eux. Ils ne doutaient pas une seconde qu'ils allaient vers le succès.

Pendant ce temps, Lithomo tenait un conseil de guerre. Sur sa tenue noire et rouge, il avait cousu un emblème représentant chacun de ses mauvais coups passés. Cinq de ses plus fidèles complices étaient réunis avec lui pour examiner la situation et décider de ce qu'il fallait faire. Tous portaient des uniformes inquiétants.

Il y avait là un petit chauve qui cachait un regard de vipère derrière ses lunettes et une brute silencieuse qui calquait tous ses gestes sur ceux de son chef. À l'autre bout de la table, était assise une femme responsable de l'élevage des cocores et du recrutement de la Nouvelle Police. Il y avait aussi un moustachu qui mâchait nerveusement du chewing-gum. Le dernier complice était un personnage grand et mince, au teint pâle et aux lèvres pincées. Lithomo se tourna vers lui.

– Alors, monsieur mon ingénieur ! gronda le dictateur. Tu peux m'expliquer ce qui s'est passé ?

L'ingénieur resta muet.

– J'avais dit de laisser les visiteurs se promener un peu pour qu'ils croient que Maniké était une cité fantôme… Au lieu de cela, tu leur claques la porte au nez, tu les enfermes dans le centre d'accueil… Hmm ?

– Les résistants… essaya de dire l'ingénieur.

– Une cité fantôme, grand abruti, c'est une ville où il n'y a personne ! Ce n'est pas une ville avec des fantômes qui se promènent dans les couloirs, imbécile !

– Ce n'est pas moi… pas nous… essaya d'expliquer l'ingénieur.

Le tyran se leva, posa les mains sur la table, se pencha en avant et redressa lentement la tête pour parler :

– Tu veux peut-être dire que c'est moi ? Hein ?

– Les résistants…

Dans le conseil de Lithomo, qui est responsable de l'élevage des cocores ?

– Tais-toi ! Ta défense est nulle !

Et Lithomo décida que l'ingénieur serait enfermé dans un cachot avec des cocores, puis il se rassit. Il avait rendu sa justice de fou. Apparemment, sa décision ne dérangeait personne. Seule, la femme s'affaira : elle sortit un carnet et inscrivit une croix à côté d'un nom.

– Ah, je suis en pleine forme ! commenta le tyran. Bon, il faut en finir avec ces visiteurs.
Vous allez leur envoyer une escouade de 28
cocores ! Quand ils seront contaminés, vous me les amènerez.

Et il leva la séance.

Un quart d'heure plus tard, deux gardes arrivèrent devant la porte de Lithomo. Ils hésitaient à frapper. Ils parlaient à voix basse, comme s'ils ne voulaient pas qu'on les entende.

– Qu'est-ce qu'on va lui dire ? demanda le premier.

– Ben, que tout va bien, pardi ! répondit le second.

– Mais c'est pas vrai, on n'a pas trouvé les visiteurs.

– Ben, ça fait rien. On dira qu'ils sont coincés dans une pièce et que les cocores sont en train de les contaminer…

– S'il nous demande où ça se passe ? Qu'est-ce qu'on dira ?

– Ben, on dira que c'est vers la vidéothèque puisqu'on a vu des cocores par là-bas…

– Et s'il nous demande pourquoi on est venus au lieu de rester vers les visiteurs ?

– Ben, on dira que c'était important de venir lui annoncer une bonne nouvelle… Alors, on est venus !

Ils frappèrent. Un personnage au regard méchant leur ouvrit et annonça à Lithomo :

– Gardes ZX 17 et WX 9 au rapport.

– Entrez !

La porte se referma. Quelques instants plus tard, les deux gardes ressortirent. Ils firent quelques pas dans le couloir et se retournèrent pour vérifier que la porte était bien refermée.

– Ben, tu vois ! Ça a marché, dit WX9 à son collègue.

11

Dans les locaux techniques de la vidéothèque, Achille, Thomas, Caroline et Diko discutaient avec les résistants.

– Ce qu'il nous faudrait, dit l'un d'eux, c'est un informaticien.

Diko regarda le robot et lui demanda :

– Vous devez bien avoir des connaissances dans ce domaine ?

C'est Caroline qui répondit :

– Il est plus doué que le meilleur des ingénieurs !

Les résistants se regardèrent avec étonnement.

– Je ne sais pas si vous allez y arriver, dit l'un d'eux. Le premier problème que nous devons résoudre est de nous débarrasser des cocores. Vous savez que ces bêtes affreuses ont horreur de l'eau. Il faut donc remettre les fontaines en service et ensuite modifier la quantité d'humidité qui est dans l'air.

– Je suppose, dit Achille, que vous avez une centrale de commande.

– Oui, expliqua Diko. C'est le Centre de Gestion du Climat. Je le connais bien puisque j'y ai travaillé comme technicien chargé de l'entretien des conduits de ventilation. Tous partent de ce centre.

– Il faut m'y conduire, dit Achille. Mais je voudrais savoir quel type d'ordinateur est utilisé.

Les résistants regardèrent Diko. Il ne savait pas. Personne ne savait. Tout ce qu'ils pouvaient dire, c'est qu'il s'agissait d'un énorme centre d'ordinateurs, avec des placards pleins de câbles et de circuits imprimés…

Thomas eut un sourire. Bien sûr qu'il y avait des circuits imprimés ! Dans un ordinateur, on ne trouvait pas des tablettes de chocolat !

– Je sais une chose, se souvint tout à coup Diko. Une fois, nous avons eu une panne. Tout est sur une seule carte qu'il suffit de changer.

– Sur une seule carte ? reprit Caroline très étonnée. Mais vous n'avez pas de système de sécurité avec des instructions de secours situées ailleurs ?

– Non, expliqua Diko. Pour nous, le problème était simple. En cas de panne, il faut qu'on puisse changer la carte très vite, avant que les cocores n'aient pu s'introduire dans la cité.

– Il vous faudra un système de sécurité ! dit Achille. Je le réaliserai quand nous aurons réussi à chasser Lithomo et les cocores. Mais revenons aux fontaines. À quoi servent-elles ?

– C'est une précaution supplémentaire, expliqua Diko. L'air conditionné suffit à chasser les cocores car il est très humide. Nous avions pensé qu'en cas de panne, l'eau des fontaines repousserait ces sales bêtes.

– Est-ce difficile de remettre les fontaines en service ?

– En principe, non. Nous pouvons le faire nous-mêmes. Nous connaissons tous les postes de commande électronique de la cité.

– L'idéal serait que nous remettions tout en service au même moment, dit Achille. Nous pourrions alors créer un effet de surprise… Sauf si l'ordinateur qui contrôle la source a été saboté.

– L'ordinateur de la source est contrôlé depuis le Centre de Gestion du Climat, expliqua Diko. Je sais où il est.

– Je vais m'occuper du problème avec Diko,

dit Achille. Mais il y a un second problème : c'est Lithomo… Et ça, si j'ai bien compris, c'est une autre histoire !

– J'ai une idée ! dit Thomas. Je vais aller voir Lithomo et je vais lui faire quitter Maniké.

– Quoi ? demanda Diko. Répète un peu…

Les résistants réagirent très vivement à la proposition de Thomas :

– Tu es fou !

– On t'a dit que Lithomo est un monstre ! La femme qui est dans son conseil fait la liste de ses victimes. On dit qu'elle a déjà rempli trois carnets avec leurs noms !

– Tu as envie d'aller jouer avec les cocores ?

– Pour se débarrasser de Lithomo, il faut chercher à comprendre ce qui l'intéresse, dit Thomas. Et moi, j'ai compris. Je peux y aller. Caroline, tu m'accompagnes ?

– Bien sûr ! répondit-elle.

– Je n'aime pas ça du tout, dit le robot.

– Mais c'est la seule décision possible ! insista Thomas. Nous sommes condamnés à mourir si Lithomo ne quitte pas la planète ! Il ne nous laissera jamais repartir, maintenant. On n'a plus rien à perdre !

Thomas sourit au robot, un sourire plein d'affection et de complicité. 29

– D'accord, soupira Achille. Mais j'espère que tu as une bonne histoire à lui raconter…

Puis il se tourna vers les résistants :

– Il faut qu'un de vous se déguise en garde et accompagne les enfants. Il expliquera qu'il les a faits prisonniers.

Ils réglèrent ensuite les détails d'exécution du plan.

– Vous avez tous une boîte noire ? demanda Diko.

Il expliqua le fonctionnement de ces boîtes :

– On tape son message codé et la boîte le transmet en moins d'un centième de seconde aux autres boîtes qui ont le code ! Personne n'a le temps de nous repérer. Quand on sera prêts à agir, on ajoutera un X au code. Dès qu'on aura le X de chaque équipe, on déclenchera l'action ! Compris ?

– Compris ! répondirent les résistants.

Puis Diko ajouta :

– Au moment où Achille remettra la climatisation en service, vous brancherez les fontaines. Une ou deux minutes plus tard, l'eau jaillira partout dans la cité, le temps que les pompes se remettent sous pression.

Ils mirent ensuite au point les derniers détails de la visite chez Lithomo.

– Je vais vous emmener, proposa un des résistants. Je m'appelle Anselme. Je connais bien les lieux. J'ai été membre de l'équipe d'entretien dans l'immeuble où Lithomo a installé son quartier général.

– Tu connais tous les placards à balais ? demanda Thomas en riant.

– Surtout, je sais y aller par les galeries de service ! répondit Anselme. Je ne savais pas que ça pourrait servir un jour.

Anselme mit la ceinture rouge prise par Diko.

– Ça va, comme ça ? demanda-t-il à ses compagnons de lutte en s'efforçant de prendre l'air bête et agressif des gardes.

– Surtout, ne dis pas un mot intelligent. Grogne, donne des coups de poing et tu seras parfait !

Et le groupe se sépara.

12

Lithomo faisait la sieste quand son garde du corps vint le réveiller.

– J'ai une bonne surprise pour vous !

– Tu as intérêt ! dit le tyran. Sinon je te ferai passer l'envie de me réveiller.

Lithomo s'étira et se rendit dans son bureau. Il s'arrêta net sur le pas de la porte et demeura immobile un instant, le temps de reprendre ses esprits. Devant lui, se tenaient un de ses gardes et deux enfants.

– Ah ! Les voilà enfin ! gronda-t-il. J'ai failli m'impatienter. Et le robot ? Où est-il ?

– Je l'ai attaché et enfermé dans la vidéothèque, mentit Anselme.

– Sire, dit timidement Thomas, j'ai tenu à vous rendre hommage. Le garde qui nous a amenés ici nous a dit que vous étiez un grand Chef d'Etat et que votre tâche était difficile. Nous allons quitter votre cité. Souhaitez-vous que nous transmettions un message à quelqu'un au cours de notre voyage ?

Quel mensonge Anselme a-t-il dit à Lithomo ?

– Ah ! dit Lithomo, surpris d'entendre le gamin tenir un pareil discours. Et où iras-tu en quittant ma cité ?

– Notre prochaine étape est la planète Chrysostéa…

Lithomo fronça les sourcils.

– Je ne la connais pas ! dit-il. Elle ne doit pas être intéressante.

– Oh, nnn… non… non… ! dit Thomas en faisant exprès de bafouiller.

Lithomo se prit le menton dans la main gauche. Il semblait méfiant.

– Je sens qu'il y a un secret que tu ne veux pas dire ! gronda le dictateur.

– Un secret, c'est un secret ! répliqua Thomas.

Lithomo bondit. Il attrapa Thomas par le bras et le secoua :

– Aïe ! Aïe ! Aïe ! cria le garçon.

Bon comédien, Thomas réussit même à pleurer. Caroline regardait la scène sans rien dire, comme convenu.

Lithomo lâcha Thomas qui se rattrapa de justesse à la table.

– Mon père ne voulait pas que je le dise !

protesta Thomas entre deux sanglots. C'est un secret !

– Attends, gamin ! hurla le dictateur. Je vais te délier la langue, moi.

Il sonna et un garde entra :

– Apporte-moi Cocounette ! dit-il. J'en ai besoin.

Le garde revint presque aussitôt en portant un panier d'osier dans lequel dormait, sur un coussin rose, une énorme cocore. Thomas et Caroline eurent un frisson. Anselme resta immobile. Il fixait la bête en s'efforçant de prendre un sourire niais. « Surtout, tu ne bouges pas ! » lui avait demandé Thomas. Puis il avait ajouté : « Sauf si notre vie est en danger, bien sûr ! ».

Lithomo reprit d'une voix menaçante :

– Alors ! Tu me parlais de Chrysostéa. Maintenant, tu vas me dire ce qu'il y a sur cette planète. Et n'oublie rien… Sinon, ma cocounette s'occupera de toi… et de ta sœur !

– À Maniké, il y a des cocores. Là-bas, ils ont trouvé des espèces d'oiseaux, des sortes de grosses poules, expliqua Thomas. Ils se sont aperçus que ces volailles pondaient des œufs dorés… La coquille était en or !

Lithomo avait fermé les yeux. Il rêvait…

Thomas continua son histoire :

– Depuis ce jour, ils font un trafic pas possible dans l'Univers 7.

Lithomo n'écoutait plus. Il en savait assez.

– Et la position exacte de Chrysostéa, tu l'as ?

– Oui, répondit Thomas.

Il donna des explications précises à Lithomo.

– Mais la position que tu me donnes correspond à une planète déserte.

– Vous y êtes allé ? demanda Caroline, vaguement inquiète.

Lithomo partit d'un grand éclat de rire :

– Non, mais ! Vous me voyez perdre mon temps sur une planète que je croyais déserte ?

Lithomo caressa sa cocore, puis se leva.

– J'ai été très heureux de vous rencontrer. Je regrette de ne pas avoir pu saluer votre ami le robot. Faites-le de ma part. Et bon voyage !

Lithomo sortit. Sitôt la porte fermée, on l'entendit qui hurlait des ordres :

– Convoquez-moi le conseil de guerre d'urgence. Je veux tout le monde dans cinq minutes. Que les gardes se tiennent prêts. Dans dix minutes, on décolle…

Le regard de Thomas croisa celui de Caroline, puis celui d'Anselme. Il riait de plaisir. Le faux garde mit simplement un doigt sur ses lèvres, pour faire comprendre aux enfants qu'il était trop tôt pour crier victoire.

Il avait raison. Dans sa précipitation de partir, Lithomo avait oublié sa cocore favorite…

13

Achille et Diko avaient rampé longtemps dans l'obscurité des conduits de ventilation. Le robot avait eu besoin de quelques minutes pour s'habituer au courant d'air permanent de la ventilation. De temps à autre, une faible lueur signalait la présence d'une grille. Ils étaient maintenant arrivés dans le plafond de la salle de Gestion du Climat. Mais pas question de bouger ! En dessous d'eux, cinq gardes avaient installé une sorte de camp retranché. Ils avaient barricadé les portes et vivaient là sans jamais sortir. Ils surveillaient la ventilation qui devait souffler de l'air complètement sec.

Diko profita du carrefour de deux conduits pour changer de position et se retrouva face au robot. Il lui expliqua :

– Tu vois ce placard à pharmacie ? Il faut enlever le tiroir, il y a une carte de secours dessous. C'est très astucieux !

Achille pensa que c'était une cachette facile à

trouver, mais il ne dit rien. Il demanda simplement :

– Il y a d'autres cartes de sécurité ?

– Oui, dans le grand coffre à côté du clavier de commande.

C'était un coffre mural, une véritable armoire. Il avait été forcé. Son contenu était éparpillé sur le carrelage. Les gardes avaient dû croire qu'il y avait de l'argent…

– On ne peut rien faire ! constata le robot.

En bas, les gardes jouaient aux cartes en buvant de l'alcool. L'un d'eux ronflait, assis sur sa chaise, la tête rejetée en arrière.

Pendant ce temps, le groupe de trois résistants n'avait pas eu de difficultés pour atteindre son objectif. Simplement, au détour d'un couloir, il s'était trouvé en face de trois cocores qui étaient sans doute là pour empêcher leur déplacement. Ils avaient sorti de gros pistolets et avaient appuyé sur la gâchette. Un jet d'eau sous pression en était sorti. Les cocores, arrosées, s'étaient retournées sur le dos. Elles avaient battu des pattes et des antennes dans le vide, comme si elles étouffaient.

Quelques secondes plus tard, elles étaient immobiles. Mortes. L'eau les avait tuées.

Ils avaient changé la cartouche d'eau sous pression et remis leur pistolet dans leur ceinture. Un quart d'heure plus tard, ils avaient atteint l'armoire de commande. Il leur suffisait maintenant de lever une dizaine de manettes et l'eau jaillirait de toutes les fontaines. Ils consultèrent leur boîtier noir et tapèrent le X signalant qu'ils étaient prêts à agir. Il ne leur restait plus qu'à attendre le signal de Diko.

Diko consulta sa boîte noire et vit le X de ses amis : ils étaient prêts à agir. Diko transmit le code 3 pour dire qu'Achille et lui étaient bien arrivés sur leur objectif, mais il ne tapa pas la lettre X.

– Je vais aller dans la salle voisine et attirer les gardes pour qu'ils sortent, chuchota-t-il.

– Sois prudent ! murmura le robot.

Diko s'éloigna dans le conduit. Quelques minutes passèrent. Tout à coup, on entendit un vacarme. Le bruit résonnait dans la gaine de ventilation. Les gardes se précipitèrent sur leurs armes et sortirent. Achille en profita pour faire glisser la grille de ventilation et se laissa tomber par l'ouverture. Il courut vers la pharmacie, enleva le tiroir… La carte n'y était plus ! Il se précipita vers le coffre et saisit au passage quelques circuits imprimés qui gisaient sur le sol. Le coffre était vide. Il y avait de la place, beaucoup de place, puisque ses étagères avaient été arrachées et jetées à travers la pièce. Il s'y installa, tira délicatement la porte derrière lui et la coinça avec un morceau de papier. Elle resta entrebâillée. Il pouvait surveiller ce qui se passait dans la pièce sans être vu.

Les gardes revinrent dans la salle de Gestion du Climat et reprirent leur partie de cartes.

– Tu crois que c'est une cocore qui a fait tout ce bruit ?

– Possible !

– Tu n'aurais pas dû tirer. Si on a tué une cocore, on va se faire…

Il n'eut pas le temps de terminer sa phrase. Un bip sourd retentit trois fois, suivi d'un crachotement. C'était une radio de liaison, accrochée à un portemanteau. Une voix annonça :

– Appel à toutes les unités de la Nouvelle Police. Ici Lithomo. Tous les gardes doivent se rendre immédiatement au point F. Vous avez quatre minutes pour rejoindre le point F avec vos armes.

Une voix féminine répéta les instructions. Les gardes s'étaient levés et ramassaient leurs affaires.

– Qu'est-ce qui se passe ? demanda l'un d'eux.

– Le point F, c'est bien la base de décollage ?

– Oui…

– On quitte la planète ?

– Sûrement !

Ils se ruèrent hors de la salle de Gestion du Climat. Achille sortit de son coffre et s'approcha de l'ordinateur. Il ouvrit la machine et commença une rapide inspection. Il n'y avait pas trop de dégâts. Il s'attendait à pire. Il sortit sa trousse miniature et commença la remise en état de l'ordinateur par une série de mesures… Il était très occupé et n'entendit par Diko entrer dans la salle. Quand il se retourna, Diko lui demanda :

– J'envoie le X ?

Qu'est-ce que Lithomo espère trouver sur la planète Chrysostéa ?

– Encore quelques minutes, répondit Achille.

– Pourquoi sont-ils partis ? demanda Diko. C'est un miracle…

– Je crois que j'ai compris ! répondit le robot. C'est Thomas…

– Thomas ?

– Oui, il a beaucoup d'imagination. C'est très difficile de ne pas le croire quand il raconte quelque chose. Il est très doué pour ça ! Je me demande ce qu'il a réussi à faire croire à Lithomo pour qu'il quitte Maniké…

Achille travaillait calmement. Après quelques soudures sur une des cartes qu'il avait ramassées, il prit des mesures pour vérifier son travail et annonça :

– Allez ! Tape le X. Nous sommes prêts…

14

L'eau jaillit en même temps de toutes les fontaines. Les cocores, affolées, se précipitèrent dans tous les sens. L'arrivée d'air humide les faisait suffoquer. Partout l'eau chantait. Les grosses punaises essayaient de lutter contre l'humidité qui les tuait, se mettaient sur le dos, agitaient leurs pattes et leurs antennes. Mais c'était inutile : elles finissaient par mourir.

À peine leur mission accomplie et le chemin libre, nos héros se retrouvèrent au palais du gouvernement. Les résistants avaient le sens de l'organisation. Diko et Anselme reçurent l'ordre d'aller délivrer les habitants de Maniké, prisonniers dans les souterrains. Achille fut chargé du gouvernement provisoire de la cité.

– Vous présiderez notre première réunion du gouvernement libéré et vous remettrez solennellement le pouvoir à notre ancien président.

Puis ils se tournèrent vers Thomas :

– Puisque tu sais si bien raconter des histoires, dit l'un d'eux, tu vas t'occuper de la radio et de la télévision. Débrouille-toi pour rassurer tout le monde, pour calmer les gens. Tiens, par exemple, raconte-leur comment nous avons réussi à nous débarrasser de Lithomo et des cocores.

Thomas ne voulait rester qu'une semaine à Maniké, mais Caroline insista pour prolonger leur séjour. Elle expliqua qu'elle avait beaucoup de travail : elle devait aider Achille à mettre au point une sécurité électronique efficace pour la climatisation de la cité. Et comme les habitants de Maniké avaient l'intention de fêter longuement leur liberté retrouvée, les visiteurs acceptèrent de rester un mois complet.

C'est vrai. Caroline travailla beaucoup pendant tout ce mois. Elle aida Achille à remettre en état le Centre de Gestion du Climat et inventa même un système de sécurité. Elle profita de son séjour pour former des habitants de Maniké à l'électronique. Parmi ses élèves,
Diko était le plus assidu. Il ne manquait pas 31

une leçon de Caroline. Il lui tendait les instruments de mesure pendant les expériences ou courait au magasin d'électronique chercher le circuit imprimé dont elle avait besoin.

– Mais pourquoi Diko est-il toujours avec toi ? demandait malicieusement Thomas.

– Je lui apprends l'informatique ! répliquait Caroline. Il est très doué.

– Il est surtout très gentil ! faisait remarquer Achille.

Caroline rougissait dès qu'on parlait de Diko…

À la radio et à la télévision, les histoires de Thomas remportaient un grand succès. Avec l'aide de journalistes, il racontait en images l'invasion des cocores, puis la libération de Maniké.

Le jour du départ, Achille dut les pousser dans le véhicule de liaison. Voyant sa sœur les larmes aux yeux, Thomas lui souffla à l'oreille :

– Je t'ai écrit un conte de fées, en souvenir de Maniké ! C'est l'histoire d'une princesse de l'informatique qui tombe amoureuse d'un jeune et beau chevalier.

Caroline haussa les épaules. Son frère se

moquait d'elle. Mais, après un instant de réflexion, elle parut intéressée :

– Et ton histoire se termine comment ? demanda-t-elle.

– Plutôt mal ! répondit Thomas. La princesse ne peut pas emmener son chevalier dans le monde où elle vit…

– C'est triste, soupira Caroline.

Le véhicule de liaison se dirigeait maintenant vers le vaisseau.

– J'ai une autre histoire, dit Thomas.

– Et elle se termine bien, celle-ci, au moins ?

– Oui, répondit son frère. C'est l'histoire de deux enfants dont les parents ont disparu dans l'espace. À la fin de l'histoire, ils les retrouvent…

Caroline avait presque oublié pourquoi ils étaient venus à Maniké.

– On sait seulement que nos parents sont passés ici il y a trois ans, corrigea-t-elle. Comment savoir où ils sont maintenant ?

– Je crois que j'ai trouvé une piste, répondit Thomas. À la télévision, j'ai appris beaucoup de choses…

Achille intervint, plutôt sévèrement :

– Pourquoi ne m'en as-tu pas parlé plus tôt ? demanda le robot.

Thomas prit un air mystérieux et tendit à Caroline un petit paquet plat, entouré d'un papier cadeau et d'un joli ruban de couleur.

– Qu'est-ce que c'est ? demanda-t-elle, intriguée.

– C'est un cadeau des techniciens de la télé, expliqua Thomas. Ils me l'ont donné seulement tout à l'heure, au moment du départ.

Caroline défit le ruban et ouvrit le paquet :

– Un disque vidéo ! s'écria-t-elle. Le reportage sur nos parents ?

– Oui, confirma Thomas. Mais il y a aussi autre chose. La télévision de Maniké garde toutes les images qui sont tournées dans la cité, même celles qui ne sont pas diffusées.

– Les chutes ?

– Oui, et ils ont enregistré sur ce disque toutes les chutes concernant le passage de nos parents… Dans l'une d'elles, nos parents expliquent l'itinéraire de leur voyage. Ils disent où ils vont aller en quittant Maniké.

Caroline était si heureuse qu'elle embrassa bruyamment son frère, puis sauta au cou d'Achille.

– Ta barbe me chatouille ! dit-elle en riant. Quelle idée d'avoir une barbe pareille quand on est un robot !

– Je n'y suis pour rien ! protesta Achille. Celui
qui m'a fabriqué devait être distrait. Moi, je me 32
trouve très beau comme ça !

Ils étaient de bonne humeur quand ils s'installèrent aux commandes de leur vaisseau, prêts à partir pour de nouvelles aventures.

1
agressif
Une personne agressive cherche à attaquer les autres.

2
blindé
Le verre est très épais et résiste aux chocs violents.

3
une **image électronique**
C'est une image formée sur un écran en utilisant un programme d'ordinateur.

4
un **curseur**
Sorte de bouton que l'on fait glisser le long d'une fente pour régler un appareil.

5
une **diode**
Composant électronique qui s'éclaire pour signaler qu'un appareil est en service.

6
un **radar de proximité**
Il permet au robot de repérer ce qu'il ne peut pas voir et qui se déplace dans une autre pièce, à quelques mètres de lui.

7
brève
Très courte.

8
intriguer
Étonner en excitant la curiosité.

9
un **pictogramme**
C'est un dessin très simple que tout le monde comprend.

10
contourner
Passer autour pour éviter.

11
une **herse**
Sorte de barrière armée de pointes pour empêcher de passer.

12
le **serveur électronique**
C'est l'appareil électronique (un robot) qui cherche ce qu'on lui demande, puis l'apporte. À la vidéothèque de Maniké, le serveur envoie sur l'écran des séquences de film.

13
les **entrailles** du serveur
L'intérieur du serveur électronique.

14
un **système de détection thermique**
C'est un système qui signale ce qui est chaud. Dans l'histoire, le système a réagi à la chaleur du corps humain.

15
la **climatisation**
Ce qui permet d'obtenir une température et une humidité de l'air régulières.

16
le **rostre**
Partie pointue de la bouche chez certains insectes.

17
contaminé
Infecté par un microbe ou par un virus. Dans l'histoire, un sujet contaminé est une personne qui a été infectée par le poison d'une cocore.

18
une **gaine de ventilation**
Sorte de gros tuyau où passe l'air qui est soufflé dans les habitations.

19
une **mauviette**
Personne sans force et peureuse.

20
cramoisi
Couleur rouge foncé.

21
miniature
Très petit.

22
court-circuiter
Faire un court-circuit, c'est faire toucher deux fils électriques qui ne doivent pas entrer en contact. Cela peut détruire l'installation électrique et provoquer des accidents graves.

23
déguerpir
Partir rapidement.

24
l'**amplificateur sonore**
Appareil qui augmente le son.

25
neutraliser
Empêcher de fonctionner.

26
des **ultrasons**
Ce sont des sons que l'oreille de l'homme ne peut pas entendre.

27
un **emblème**
Objet dessiné qui représente une idée. Par exemple, la tête de mort est l'emblème des pirates.

28
une **escouade**
Un groupe, une petite troupe.

29
un sourire de **complicité**
Achille et Thomas se connaissent bien et s'entendent bien. Ils se comprennent même sans parler, simplement en se souriant.

30
solennellement
Au cours d'une cérémonie.

31
assidu
Se dit d'un individu qui est toujours présent là où il doit être.

32
distrait
Étourdi. Qui n'est pas attentif.

1 Voleurs de chiens

Fa, le caniche de Mistouflette, a disparu mystérieusement. Elle mène l'enquête avec ses copains.

2 Les malheurs d'un pâtissier

Pauvre pâtissier ! Que peut-il faire pour se débarrasser d'une souris qui mange ses gâteaux ?

3 Karim et l'oiseau blanc

À peine Karim aperçoit-il Yasmina qu'elle disparaît ! Il veut la retrouver, mais il y a tant d'obstacles à vaincre !

4 Timothée et le dragon chinois

Timothée s'est perdu sur la grande Muraille de Chine. Tout à coup, une ombre inquiétante s'approche de lui…

5 Les fantômes de Mamie Ratus

Ratus a peur des fantômes. Et il y en a beaucoup, chez sa grand-mère !

6 Le facteur tête en l'air

Alexandre est un curieux facteur : il oublie de distribuer le courrier pour battre des records de vitesse…

7 La plante mystérieuse

Tout meurt dans la rivière ! Mistouflette et ses amis se lancent dans une enquête qui les conduit à une plante mystérieuse…

8 La classe de Ratus part en voyage

Pauvre maîtresse ! Si Victor et Ratus n'avaient pas été du voyage, tout se serait bien passé…

9 Romain graine de champion

Romain aime le football. Mais il est seul… Le destin lui envoie un ami de son âge, passionné de foot comme lui.

10 Le trésor des trois marchands

Il était une fois en Orient, trois marchands qui cherchaient un trésor. Voudront-ils le partager ?

11 Ralette au bord de la mer

Pendant les vacances, Ralette sera-t-elle élue Miss Plage ? Raldo sera-t-il élu Monsieur Muscle ?

12 Ratus en safari

Au pays des lions, Ratus photographie les animaux sauvages. Mais les hyènes ricanent… et un dangereux braconnier guette…

13 Timothée découvre l'Inde

À l'ombre du Palais des vents, Timothée cherche à sauver son nouvel ami, Rama le jeune Indien.

14 La classe de 6ᵉ et la tribu des Cro-Magnon

Quand la classe de 6ᵉ part en voyage, tout peut arriver : se perdre au fond d'une grotte, rencontrer d'étranges inconnus…

15 Une nuit avec les dinosaures

Deux copains enquêtent au Muséum, au milieu des dinosaures. Brr… Ils n'en mènent pas large !

16 Ratus et l'étrange maîtresse

La maîtresse a un drôle de nom : Cunégonde Kikiche ! Et en plus, elle n'aime pas Ratus. Mais le rat vert ne se laisse pas faire…

17 La classe de 6ᵉ tourne un film

Quand la classe de 6ᵉ fait du cinéma, tout peut arriver pendant le tournage : fantômes, vampire, trésor, histoire d'amour…

18 Fluthdezut un diable parmi nous

Fluthdezut est envoyé sur terre pour accomplir une terrible mission. Va-t-il réussir à semer la pagaille parmi les hommes ?

19 Les pièges de la cité fantôme

Tout paraît désert sur cette planète. Et pourtant ! Achille, Thomas et Caroline vont tomber dans des pièges terribles…

9-12 ans

Les autres titres de la collection

Les bonnes réponses

Tu es un super-lecteur
si tu as trouvé ces 9 bonnes réponses.

2, 5,

8, 10, 15,

18, 22, 29, 31.

Maquette Jean Yves Grall, mise en page Atelier JMH

Imprimé en France par Pollina, 85400 Luçon - n° 73855-B
Dépôt légal : 10496 - janvier 1998